BEI GRIN MACHT SICH IHR WISSEN BEZAHLT

D1829136

- Wir veröffentlichen Ihre Hausarbeit, Bachelor- und Masterarbeit

- Ihr eigenes eBook und Buch - weltweit in allen wichtigen Shops

- Verdienen Sie an jedem Verkauf

Jetzt bei www.GRIN.com hochladen und kostenlos publizieren

GRIN

André Matthias Müller

Das Berliner Modell - Darstellung und Modellierungspotentiale

GRIN Verlag

Bibliografische Information der Deutschen Nationalbibliothek:

Die Deutsche Bibliothek verzeichnet diese Publikation in der Deutschen Nationalbibliografie; detaillierte bibliografische Daten sind im Internet über http://dnb.d-nb.de/ abrufbar.

Dieses Werk sowie alle darin enthaltenen einzelnen Beiträge und Abbildungen sind urheberrechtlich geschützt. Jede Verwertung, die nicht ausdrücklich vom Urheberrechtsschutz zugelassen ist, bedarf der vorherigen Zustimmung des Verlages. Das gilt insbesondere für Vervielfältigungen, Bearbeitungen, Übersetzungen, Mikroverfilmungen, Auswertungen durch Datenbanken und für die Einspeicherung und Verarbeitung in elektronische Systeme. Alle Rechte, auch die des auszugsweisen Nachdrucks, der fotomechanischen Wiedergabe (einschließlich Mikrokopie) sowie der Auswertung durch Datenbanken oder ähnliche Einrichtungen, vorbehalten.

Impressum:

Copyright © 2008 GRIN Verlag GmbH
Druck und Bindung: Books on Demand GmbH, Norderstedt Germany
ISBN: 978-3-656-16979-6

Dieses Buch bei GRIN:

http://www.grin.com/de/e-book/192081/das-berliner-modell-darstellung-und-modellierungspotentiale

GRIN - Your knowledge has value

Der GRIN Verlag publiziert seit 1998 wissenschaftliche Arbeiten von Studenten, Hochschullehrern und anderen Akademikern als eBook und gedrucktes Buch. Die Verlagswebsite www.grin.com ist die ideale Plattform zur Veröffentlichung von Hausarbeiten, Abschlussarbeiten, wissenschaftlichen Aufsätzen, Dissertationen und Fachbüchern.

Besuchen Sie uns im Internet:

http://www.grin.com/

http://www.facebook.com/grincom

http://www.twitter.com/grin_com

Otto-von-Guericke Universität Magdeburg
Institut für Sportwissenschaft
Seminar: Gesundheitsförderung im Betrieb

Das Berliner Modell

Darstellung und Modellierungspotentiale

Verfasser: André Müller

BA Gesundheitssport

Inhaltsverzeichnis

1 Einleitung

Acht Stunden pro Tag, fünf Tage in der Woche und, wenn die sich herauskristallisierenden Forderungen nach einem höheren Rentenalter wahr werden, verbringt ein durchschnittlicher Arbeitnehmer bis zu 50 Jahre des Lebens an seinem Arbeitsplatz. Es ist kein Geheimnis, dass diese Zeit erwartungsgemäß nicht spurlos an den Werktätigen vorbeigeht. Sowohl körperliche als auch psychische Beeinträchtigungen setzen nahezu automatisch ein. Smith et al. halten treffend fest: „There are important physiological, biochemical, somatic and psychological indicators of stress related to work activities“ (S.157). Die vorliegende Literaturarbeit hat allerdings nicht die Aufgabe die Arbeitsplatzpathologie und ihre Auswirkungen detailliert zu beschreiben. Vielmehr soll anhand von verschiedenen Instrumentarien aufgezeigt werden, wie es möglich ist wirkungsvoll in den Teufelskreis von Arbeitsbeschwerden einzugreifen. Im Zentrum der Betrachtungen wird sich der Gesundheitszirkel nach dem Berliner Modell von Franz Friczewski wiederfinden. Dieser „kommunikativ ausgerichtete“ (Friczewski, 1994, S. 15) Ansatz, der physiologische Interventionen erst in zweiter Instanz für sinnvoll erachtet, soll zunächst in seinem Wesen darstellend erklärt und eingeordnet werden, um im Anschluss synergetische Modellierungspotentiale aufzuzeigen. Die Hauptuntersuchungsfrage soll demnach lauten: Wie lässt sich der Berliner Ansatz in seiner Effektivität und Akzepttanz noch aufwerten? Die Relevanz dieser Fragestellung lässt sich gleich aus mehreren Perspektiven begründen. Erstens können wirksame „Kostensenkungsprogramme“ (Wilke, 2007, S. 24) von Seiten der Unternehmensleitung nur begrüßt werden. Zweitens birgt die gesundheitsfördernde Organisation positive Imagegewinne, die der Marketingstrategie zuträglich sein können. Drittens zeigt der bedürfnisadäquate Umgang mit der „Ressource Mensch“ (Friczewski, 1996, S. 3) dem einzelnen Mitarbeiter, wie bedeutsam er für das Gesamtunternehmen ist und veranlasst ihn so zu intrinsischer Motivation und einer Art Betriebssolidarität. Letztendlich stellt jedoch das alleinige Wohlergehen jedes Beschäftigten den größten Nutzen innerhalb gesundheitsförderlicher Unternehmensphilosophie dar. Um die oben vorangestellte Problemstellung partiell zufriedenstellend beantworten zu können, stellen die Arbeiten von Franz Friczewski „Der Berliner Ansatz“ und „Gesundheit und Motivation der Mitarbeiter als Produkt betrieblicher Organisation – Ein systemischer Ansatz“ wichtige Bausteine der folgenden Ausführungen dar. Dabei werden sich die theoretischen Überlegungen zu den hermeneutisch begründeten Verbesserungsvorschlägen stark an der gegebenen Literatur anlehnen.

Die gebotene Kürze des vorliegenden Belegs lässt es jedoch nicht zu jede Facette partitzipativer Prozesse genau zu explizieren. Eine genaue Darlegung der nötigen innerbetrieblichen, organisatorischen, technischen und strukturellen Veränderungen kann hier nicht vollzogen werden. Ebenso werden auch Querverbindungen zu anderen Modellen weitestgehend ausgeklammert bleiben. Die Komplexität des vorliegenden Themengebietes lässt es folglich auch nicht zu fertige Anleitungen und Handlungsleitsätze allumfassend zu erschließen.

2 Betriebliche Gesundheitsförderung

Die in den 80er Jahren entstandene betriebliche Gesundheitsförderung, welche ursprünglich speziell die Arbeitsmedizin und Arbeitssicherheit fokussierte, hatte zum Ziel „[...] die Beschäftigten vor Gesundheitsgefährdungen zu schützen“ (Wilke, 2007, S. 23). Diese Intention der Risikovermeidung resultierte aus der Kenntnisnahme einer steigenden multifaktoriellen Genese von Krankheiten und Beschwerden im Zusammenhang mit Arbeit. Die implementierten Maßnahmen entwickelten sich in der Folgezeit zu einem weitflächigen Netz aus Ansätzen und Methoden und erstrecken sich gegenwärtig von einzelnen Interventionen über verzweigte Projekte bis hin zu umfassenden Konzepten.

Da sich Interventionen im betrieblichen Sektor nicht nur nach den Vorgaben der Führungsetagen richten sollen, sondern auch den Mitarbeiter als kleinste Zelle zu integrieren haben (Empowerment), kam es dazu, dass fortwährend nicht ausschließlich ergonomische Schwerpunkte im Mittelpunkt der Betrachtung standen (vgl. Wilke, 2007, S.20). Fortan wurden Entwicklungspotentiale auch auf psychosozialer Ebene erkannt. Um folgend über ein spezifisches Modell referieren zu können, ist es unumgänglich vorerst die verschiedenen Einzelelemente, wie den Arbeitskreis Gesundheit, den Gesundheitsbericht und den Gesundheitszirkel, die sich unter dem Dach der betrieblichen Gesundheitsförderung positionieren, kritisch zu durchleuchten.

2.1 Arbeitskreis Gesundheit

Zentrale Aufgabe des Arbeitskreises ist es, gesundheitsrelevante Motive in die Betriebsphilosophie einzubringen. Planung, Steuerung und Umrahmung von Aktivitäten der Gesundheitsthematik zählen in diesem Kontext zu den primären Handlungsfeldern. Beteiligt an diesem impulsgebenden Gremium sind entscheidungsbefugte Unternehmensvertreter wie, der Betriebsrat, der Betriebsarzt und die Fachkraft für Arbeitssicherheit, sowie Personen, die für die betriebliche Gesundheitsförderung von Bedeutsamkeit sind (vgl. Krämer, 1998, S. 30). Besonderes Augenmerk ist auf die notwendige Vernetzung von differenzierten Interessen gerichtet, die durch die Interdisziplinarität der Mitwirkenden zu Stande kommt.
Der Aktionsradius erstreckt sich über die Erstellung einer gesundheitsspezifischen Bestandsaufnahme bis hin zu direkten Unterstützungstätigkeiten von Maßnahmen zur Umsetzung gesundheitsförderlicher Konzepte. Priorisierung von Problembereichen und Zielformulierung bilden dabei die ausschlaggebenden Faktoren der sukzessiven Umsetzungsplanung und führen zur Erstellung einer systematischen Programmstruktur mit einem detaillierten Handlungsablaufplan. Nach Abschluss bestimmter Interventionen steht die Bewertung der Maßnahmen, in Relation zu den Zielen, im Fokus der Arbeit des Gesundheitskreises und soll im Ergebnis zu gewinnbringenden Schlussfolgerungen führen (vgl. Demmer, 1996, zitiert nach Krämer, 1998, S. 31).
Kritisch lässt sich anmerken, dass der Arbeitskreis Gesundheit zum Großteil Personen aus den oberen Strukturen des Betriebes beherbergt und demzufolge meist nur eine verkürzte sowie unzureichende Sicht auf die Belange der Beschäftigten hat. Auswirkungen hat diese Zusammensetzung dahingehend, dass im Gremium Kausallogiken entstehen, welche dazu führen, Problematiken

der Gesundheitsfrage nur von der Außensicht zu erörtern. Das Berliner Modell, welches den Dreh- und Angelpunkt der vorliegenden Arbeit bildet, sieht in jener einseitigen Betrachtungsweise einen entscheidenden und unentbehrlichen Veränderungsbedarf.

2.2 Der Gesundheitsbericht

Die Arbeitsgrundlage betrieblicher Gesundheitsmaßnahmen und somit die Basis stellt der betriebliche Gesundheitsbericht dar. Krämer (1998) bezeichnet diesen von den Krankenkassen initiierten Report als ein „[...] informationsverarbeitendes deskriptives Analyseinstrument“ (S. 32), welches den Unternehmen helfen soll, anhand von Arbeitsunfähigkeitsdaten einen problembezogenen Handlungsleitfaden zu entwerfen. Konkret werden folgende Arbeitsschritte benannt (vgl. Krämer, 1998, S. 32- 33):

- Unternehmensvergleich der Krankendaten nach Bundes- und Branchendurchschnitt
- Vergleich der einzelnen Abteilungen im untersuchten Unternehmen hinsichtlich Arbeitsunfähigkeit
- Identifikation von Auffälligkeiten in den Teilbereichen
- Ermittlung von Krankheitsarten und deren Häufigkeiten in den unterschiedlichen Kostenstellen

Nach dem Erhalt des Berichts kann der vorhergehend erläuterte Arbeitskreis tätig werden und situationsadäquate Maßnahmen einleiten.
Trotz guter Grundidee lässt auch dieser Morbiditätskatalog kaum die Möglichkeit zu über tiefer ruhende Ursachen von Krankheiten und Beschwerden am Arbeitsplatz zu reflektieren. Er zeichnet lediglich harte Daten auf, die jeglichen Interpretationsraum rauben, da die zugrunde liegende Quantitätsanalyse nicht den Weg zum Menschen sucht, sondern ausschließlich sichtbare Diagnosen stellt. Der Mitarbeiter als physiologische Maschine, die zeitweise ihren Dienst versagt, wird dabei mehr und mehr zum hilflosen Interventionsopfer. Dieses Problem stellt einen weiteren Ansatzpunkt des später thematisierten Modells dar.

2.3 Der betriebliche Gesundheitszirkel

Nachdem die ersten beiden Instrumentarien sich eher aus sicherer Entfernung der Gesundheitsförderung im Betrieb annähern, wurde mit der Installation von Gesundheitszirkeln die Innensicht auf die einzelnen Arbeitssegmente ermöglicht. Diese tiefer gehende Perspektive soll erreicht werden, indem die direkt Betroffenen in den Prozess der Herstellung von Gesundheit integriert werden und zur tragenden Säule erstarken (vgl. Slesina, 1990, S. 315). Ausgehend vom Gesundheitsbericht wird, durch den Arbeitskreis, ein Zirkel von bis zu fünfzehn Mitarbeitern einer auffälligen [morbiden] Abteilung einberufen. Einige betroffene Beschäftigte, der Betriebsarzt, die entsprechenden Arbeitsschutzexperten, der zuständige Meister und ein Betriebsratsmitglied haben folgend die Aufgabe Belastungsfaktoren systematisch zu erfassen und adäquate Verbesserungsvorschläge zu finden (vgl. Krämer, 1998, S. 34). Unterstützendes Element stellt dabei ein, bestenfalls externer Moderator dar, der die Sitzungen, die alle zwei bis drei Wochen über einen Zeitraum von etwa sechs Monaten durchgeführt werden, lenkt. Slesina (1990, S. 320) stellt für die praktische Durchführung einen Stufenplan vor, der als Handlungsgerüst dienen kann:

1. Filterung beanspruchende Arbeitsaspekte
2. Ermittlung von Beschwerden bei bestimmten Arbeitssituationen durch Befragung
3. Diskussion der Ergebnisse der Befragung
4. Suche nach präventiven Veränderungen
5. Umsetzung von Vorschlägen, wenn finanziell, organisatorisch und technisch machbar

Bei allen Zusammenkünften sind es die Betroffenen, die ein „[...] ungenutztes Reservoir an Optimierungsmöglichkeiten“ (Priester, 2003, S. 232) erschließen und demzufolge die treibende Kraft im Zirkel darstellen. Für eine ertragsreiche Zusammenarbeit im Zirkel gelten bestimmte Umgangs- und Verhaltensregeln, die im folgenden Absatz kurz erläutert werden sollen.

Der erste Grundsatz der Zirkelarbeit besagt, dass jeder Mitarbeiter ein spezifisches Expertenwissen besitzt, welches durch seine Erfahrung in seinem Arbeitssektor bestimmt ist. Damit sollen die hierarchischen Machtansprüche oberer Strukturen eingdämmt werden und Raum für übergreifendes Denken geschaffen werden. Die zweite Regel stützt die freie Meinungsäußerung innerhalb des Zirkels und sorgt einerseits für eine weitestgehend ungezwungene Kommunikationsatmosphäre auf Seiten der Arbeiter sowie andererseits für die Herabsetzung des Argumentationsdogmatismus der Führungsebene. Die dritte Richtlinie stellt klar, dass Meinungen der einzelnen Beteiligten nicht zu Lasten der postulierenden Person gehen, um mögliche Sanktionshandlungen seitens der Vorgesetzten auszuschließen. Im vierten Punkt geht es darum, diejenigen Themen, die den persönlichen Bereich oder beziehungsrelevante Charakteristiken tangieren, nicht den Zirkel verlassen sollen. Sachthemen hingegen, die den Problemlöseprozess betreffen, bleiben davon unberührt und können bzw. müssen nach außen weitergegeben werden. Der letzte Grundsatz sieht vor, dass abweichende Meinungen immer einer Begründung bedürfen, um die Nachvollziehbarkeit individueller Gedankengänge für die anderen Teilnehmer zu gewährleisten und eine sachbezogene Interaktion gestatten (vgl. Priester, 2003, S. 240-241). Die Einhaltung der Regeln soll mit Hilfeilfe des Moderators gesichert werden.

Der große Vorteil der Zirkelarbeit kann, entsprechend den aufgezeigten Modalitäten, in einer *kontrollierten Flexibilität* gesehen werden. *Kontrolle* wird dabei durch die feststehenden Reglementierungen ermöglicht, die den Aktionsraum hierarchieübergreifend stets auf die auftretenden Problematiken lenkt. Dies stärkt die Kommunikation und senkt Angstpotentiale der unteren Unternehmensebene. *Flexibilität* auf der anderen Seite schlägt sich in zwei Dimensionen nieder.

Die *kognitive Flexibilität* steht hier für die Umstellung einseitiger Denkweisen, die dafür sorgen, dass die Interagierenden lediglich im individuellen und beschränktem Horizont zu verweilen. Der Arbeitsschutzexperte hat seine Perspektive beispielsweise nur auf die Einhaltung normierter Bestimmungen gerichtet, ohne die tatsächlichen Problemherde zu erkennen. Innerhalb des

Zirkels ist es ihm jedoch möglich einen Perspektivwechsel vorzunehmen, der sensibilisierend wirkt. Die Impulse anderer Teilnehmer befähigen ihn eingefahrene Sichtweisen zu überarbeiten, um zwischen den Perspektiven zu oszillieren. Aber auch die Mitarbeiter werden in die Lage versetzt, die eigene enge Bewertungsgrundlage zu streuen, um großflächiger zu urteilen. Priester (2003) meint dazu: „Gesundheitszirkel können [...] zur Erweiterung des Horizonts des klassischen Arbeits- und Gesundheitsschutzes beitragen und ihm neue Impulse geben“ (S. 231).

Die zweite Flexibilitätsdimension kann als *Interessenflexibilität* bezeichnet werden. Dies meint, dass die verschiedenen Hierarchiestufen im Zirkel dazu animiert werden, die jeweiligen Interessen des Gegenübers zu erkennen. Dabei tun sich zwei grundlegend unterschiedliche Ebenen auf. Die Unternehmensleitung ist an einem hohen Gewinn und an Produktivität usw. interessiert. Die unterstellten Arbeiter richten ihren Fokus eher auf die Aspekte Anerkennung und Sinnhaftigkeit ihres Handelns (vgl. Friczewski, 1996, S. 3). Diese beiden Interessen müssen innerhalb der Sitzungen voneinander profitieren. Da die Arbeiterzufriedenheit stark mit der Motivation zur Arbeit korreliert, kann die Leitung durch entsprechende Maßnahmen auch die Belange der Werktätigen befriedigen. Umgekehrt sorgt Umsatz und Profit des Unternehmens für bessere Stimmung, welche auch die Mitarbeiter spüren sollten. Beide Präferenzen stehen demnach nicht kontrovers gegenüber, sondern ergänzend nebeneinander und bewirken einen beidseitigen „Handlungsdruck“ (Slesina, 1990, S. 326).

Betriebliche Gesundheitszirkel werden nach Priester (2003, S. 239-241) entsprechend ihrer Charakteristika in drei Kategorien eingeteilt: Der „belegschaftsgetragene bzw. –interne Zirkel“ zeichnet sich dadurch aus, dass gesundheitsthematische Probleme allein durch Selbstorganisation innerhalb der betreffenden Abteilung bearbeitet werden. Eine zweite Form stellt der „hierarchiegruppenhomogene Gesundheitszirkel“ dar, in dem es vornehmlich darum geht die Verständigung unter den direkt betroffenen Strukturen anzuregen. Diese vorgesetztenfreien Zirkel dienen in zweiter Instanz auch dazu eine ungezwungene Plattform für Meinungsäußerungen zu schaffen. Das am häufigsten anzutreffende und effektivste Zirkelmuster stellt das „hierarchiegruppenübergreifende Gesundheitszirkelmodell“ dar. Durch die Präsenz vieler Strukturen eignet sich dieser Typus besonders, um anhand einer großen Breite von Kenntnissen, Interventionen in Gang zu setzen bzw. eingefahrene Sichtweisen zu überdenken. Durch die Anwesenheit von Leitungsinstanzen kann es jedoch zu einer starken Verängstigung der Betroffenen kommen, die Sanktionen fürchten und folglich nicht die ganze Bandbreite ihrer Interessen aufzeigen.

Resümierend findet Priester (2003. S. 233) folgende Definition, welche das Wesen betrieblicher Gesundheitszirkel treffend beschreibt:

> „Gesundheitszirkel bieten die Chance zu kommunikativem, offenem und sachbezogenem Arbeiten nach festgesetzten, für alle Beteiligten geltenden und als hilfreich empfundenen Regeln. Inhaltlich kontroverse Debatten stehen dabei einer angestrebten prinzipiell konsensualen Orientierung der Zirkelarbeit nicht entgegen.“

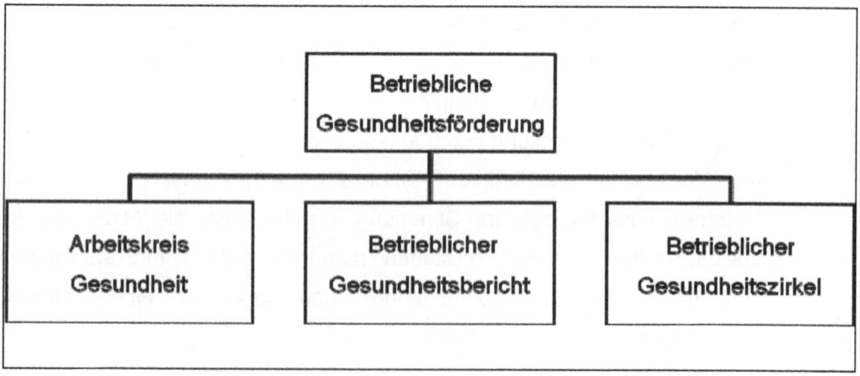

Abb. 1: Die drei Säulen der betrieblichen Gesundheitsförderung

3 Das Berliner Modell

Chronische Beschwerden, Überlastungsschäden und Verschleißerscheinungen lauten gegenwärtig die Diagnosen, die in enger Relation zu beruflichen Tätigkeiten stehen. Der Katalog der Beschäftigtenpathogenese scheint schier unerschöpflich und beschert den Unternehmen Kosten in schwindelerregender Höhe.

Was macht die Menschen im Unternehmen krank oder gesund? Eine, unter dem eben geschilderten Hintergrund, interessante Frage, die in den vergangenen Jahren von vielen Experten scheinbar mit Sicherheit beantwortet werden konnte. Meist werden pathologische Erscheinungen auf rein somatische bzw. ergonomische Faktoren begrenzt (Smith et al., 1999, S. 157). Wenn man den Menschen jedoch als „bio-psycho-soziales System“ (Friczewski, 1996, S. 4) betrachtet, der im „sozio-technischem System“ Betrieb (Friczewski, 1996, S. 4) interagiert, führt eine derartige Betrachtungsweise zu Verkürzungen. Auch Wilke (2007, S. 23) stellt sich die Frage „[...] ob ein risikoorientiertes, medizinisch-analytisches Verständnis ausreicht, die [...] Belastungen im Unternehmen wirksam zu reduzieren und [...] positive Gesundheitspotentiale aufzubauen“.

Um komplexer und kontextbezogener handeln zu können, entwickelte der Berliner Gesundheitswissenschaftler Franz Friczewski ein Modell, welches sich eher auf psychologische und kommunikative Parameter bezieht. Der erste Zirkel nach dem Berliner Ansatz wurde von 1987-1989 in zwei VW-Werken in Wolfsburg durchgeführt. Ausgangspunkt war hier die steigende Inzidenz von Herz-Kreislauf-Erkrankungen unter den Industriemeister, die auf psychosoziale Problematiken zurückgeführt wurden (vgl. Preußner, 2003, S.17).

Die folgenden Kapitel sollen die Spezifika, die Umsetzungsmodalitäten und Reserven des Berliner Modells skizzieren, um darauf aufbauend Modellierungsvorschläge zu gestalten.

3.1 Ein ganz normaler Arbeitstag

Um die Notwendigkeit eines psychologisch-kommunikativen Ansatzes zu verdeutlichen, soll im Folgenden ein Ausflug in einen imaginären Produktionsbetrieb gemacht werden. Ziel soll es sein, die verzweigten Probleme im täglichen Arbeitsprozess aller Beteiligten darzustellen.

3.1.1 Mitarbeiterperspektive

Zuerst sollen die unteren Mitarbeiter thematisiert werden, welche den Produktionsoutput bereitstellen. Eine bestimmte Arbeitsgruppe von ihnen steht nahezu den ganzen Tag auf einer Stelle am Fließband und kontrolliert die vorbeifahrenden Produkte auf Verarbeitung bzw. Qualität. Dabei nehmen sie eine Haltung ein, die jeglichen Gesetzen physiologischen Verhaltens wiederspricht. Je nach Konstitution müssen größere Mitarbeiter den zervikalen Teil der Wirbelsäule nach unten neigen, um eine gute Sicht auf die Produkte zu haben oder kleinere Mitarbeiter eine häufige Abduktion im Schultergelenk vornehmen, um die Produktionselemente zu greifen. Kompensatorische Bewegungen, wie das Strecken der Arme, um die defizitäre Haltung auszugleichen, werden nicht ausgeführt. „ Auch kaum ein Mitarbeiter kommt auf die Idee, sich zwischendurch mal zu recken [...], was [...] - auch ohne Stückzahlverlust - möglich wäre [...]" (Friczewski, 1994, S. 17). Schmerzen im Schulterbereich sind hier nur erste Anzeichnen von Auswirkungen der skizzierten Arbeitsbedingungen.

In der Quintessenz heißt das, dass die Probleme offen sichtbar sind, aber unbehandelt bleiben. Als Ursache beschreibt Friczewski (1994) „[...] einen Prozess von langjähriger Verdrängung, von Nicht-Sprechen, von Sich-nicht-zuständig-Fühlen [...]" (S.16). Aufgrund von Ängsten vor Sanktionen werden demnach die Zustände hingenommen und als unabänderlich angesehen. Diese „Resignation" steuert sukzessiv auf eine betriebsinterne „Sprachlosigkeit" zu (Friczewski, 1994, S. 14-24). Schlussfolgernd fühlen sich die Mitarbeiter in ihrer ohnehin schon negativen Haltung hinsichtlich der Geschäftsleitung bestätigt, die nichts gegen die auftretenden Beschwerden unternimmt, obwohl nie eine klärende Kommunikation stattgefunden hat. Der krankmachende Teufelskreis beginnt.

3.1.2 Meister- und Planerperspektive

Die untere Führungsebene, welche als Bindeglied zwischen Mitarbeitern und Führungsetage verstanden werden kann, soll im kommenden Abschnitt auf ihre explizite Perspektive im Arbeitsprozess untersucht werden.

Zu den Aufgaben des Meisters und des Planers gehört es vor allem die Arbeitsgänge zu steuern und zu leiten bzw. Optimierungsvorgänge umzusetzen. Bei der Ausführung ihrer Tätigkeiten sind zwei Dinge von entscheidender Relevanz, welche die persönliche Perspektive beeinflussen. Zum ersten sind jene Strukturen direkt der Unternehmensführung unterstellt und dienen zeitweise als Geschäftsleitungs-Puffer bei mangelnden Stückzahlen (vgl. Friczewski, 1994, S.18). Zweitens besitzen jedoch auch sie Führungsgewalt gegenüber den Produktionsarbeitern. Im skizzierten imaginären Unternehmen bildet sich diese Situation wie folgt ab:

Die Mitarbeiter am Fließband, die aufgrund von Resignation nur noch das Nötigste tun, sorgen für eine Gefährdung des Produktions-Outputs. In der Folge werden der Meister und sein zuständiger Planer nur mit den harten Fakten der Geschäftsleitung konfrontiert. Ohne eine echte Problemanalyse, welche auch dem Mitarbeiter Gelegenheit geben würde, zu Wort zu kommen, wird eine zeitnahe Beseitigung des Mangels gefordert. Als Folge ergibt sich eine verkürzte Kausalität, die dafür sorgt, dass die Ursache des Produktionsrückgangs als reine Faulheit klassifiziert wird. Der Druck, der von der obersten Etage ausgesandt wird, geht direkt in Richtung, der ohnehin schon frustrierten Mitarbeiter und wird oftmals noch durch die Zwischenschicht verstärkt (vgl. Friczewski, 1994, S. 18).

Leitet man die eben festgestellten Zusammenhänge ab, so ergibt sich eine Art *Flexibilitätsdilemma*. Dieses besagt, dass einerseits Meister und Planer nur vor der oberen Etage zurückschrecken und lediglich Anweisungen marionettenartig ausführen. Andererseits nutzen sie ihren eigenen hierarchischen Status aus, um nachdrücklich Aufträge nach unten zu erteilen. Auch sie zeigen eine habituelle Resignation, die sie glauben lässt, dass ausschließlich Druck die Mitarbeiter antreibt. Partizipative Kommunikation oder kooperative Zusammenarbeit sucht man hier vergebens.

3.1.3 Unternehmensperspektive

Stückzahl und Profit als die Schlagworte, die einen Großteil der Entscheidungen innerhalb der Führungsetage kennzeichnen. Die spezielle Perspektive des Leitungsstabes ist wohl am weitesten von den Belangen und Beschwerden der Beschäftigten entfernt. Gesundheitsthemen werden

normgerecht abgehandelt und auf das Unumgänglichste beschränkt. Die folgende Schilderung lässt die Relationen klar werden.
Ohne Ursachenanalyse erreichen die Zahlen der Produktion die Geschäftsleitung. Diese reagiert, ganz wie es ihre hierarchische Stellung zulässt, mit Druck und Sanktionen in Richtung der unterstellten Ebenen. Die Meinung, dass „[...] heutzutage keiner mehr richtig arbeiten will" (Friczewski, 1994, S. 20) verankert sich in den Köpfen und führt auch hier zu einer Resignation. Da sich, wie beschrieben, an die geltenden Normierungen des Gesundheitsschutzes gehalten wurde, steht eine Analyse dieser Faktoren nicht zur Debatte.
Auf der anderen Seite wissen die Angestellten auch nichts über die hochfrequenten Belastungen der oberen Strukturen. Ein darstellendes und kooperatives Gespräch könnte in diesem Zustand Wunder wirken.

3.2 Ansatzpunkte des Berliner Modells

Nichts ist, wie es scheint. So könnte man die Handlungsansätze im Berliner Modell deuten. Nach der Darstellung hierarchiegruppenübergreifender Sichtweisen auf die Gesundheitsfrage soll der nächste Abschnitt klare Interventionsansprüche des Modells skizzieren.
Primär strebt der Berliner Ansatz eine Humanisierung des sozio-technischen Systems Arbeit an. Erreicht werden soll dieser Zustand zum ersten mit der Aufhebung der Kommunikationsunfähigkeit (vgl. Friczewski, 1994, S. 14). Wenn man davon ausgeht, dass sämtliche Bereiche im Betrieb ein Wissen über gesundheitsrelevante Fragen besitzen, ist es demnach zwingend notwendig einen Vernetzungsprozess zu erwirken, der auch dafür sorgt die habituelle Entmutigung zu stürzen. Friczewski (1994) meint dazu: „In jedem Betrieb ist an sich fast alles Wissen vorhanden, das nötig wäre, um gesundheitliche Beeinträchtigungen der Mitarbeiter abzubauen und den Krankenstand zu senken" (S. 14). Daraus folgt, dass jeder Beschäftigte im Betrieb seine Erfahrungen einbringen muss und nicht in einer resignativen Haltung verharren darf.

Weiters muss es möglich werden der starren und dogmatistischen „tayloristischen Produktionsorganisation[1]“ (Friczewski, 1994, S. 19) ein kooperatives Moment beizufügen. Da alle Beteiligten an den Bedingungen im Betrieb einflussgebend sind, muss es als Gemeinschaftsaufgabe angesehen werden, ganzheitlich Gesundheit zu reproduzieren. Diese Reproduktion kann aber nicht über Interpunktionen seitens der Führungsebene gelingen, sondern nur über einen kooperativen Kopplungsprozess, welcher dafür sorgt, selbstorganisiert zu agieren. Dem Menschen, der in der betrieblichen Umwelt handelt, kommt somit eine wichtige Rolle zu.

Der letzte und entscheidende Anstoß des Modells ist auf der Seite des arbeitenden Individuums zu sehen. Nach Friczewski (1996) befriedigt und motiviert Arbeit nur, wenn der Mensch das Gefühl hat „[...] etwas zu bewirken, anerkannt zu sein und unterstützt zu werden, herausgefordert zu werden und etwas Sinnvolles zu tun“ (S. 3). Das Ziel muss es demnach sein, jedem Beteiligten des Arbeitssystems eine intrinsische Motivation zu verschaffen, die es ihm ermöglicht erfolgsorientiert[2] zu handeln. Diese *Grundvoraussetzung* kann und muss innerhalb der Zirkelarbeit implementiert werden.

Auffallend am vorliegenden Ansatz ist, dass die rein ergonomische und somatische Betrachtungsweise einen eher marginalen Stellenwert einnimmt. Dieser, hier als sekundär angesehene Output der ergonomischen Perspektive soll gerade über die primäre Zielebene erreicht werden. Wenn es erst einmal geglückt ist, ein starkes, kommunikatives bzw. integratives Kollektiv zu formen, ist es auch möglich problembezogen zu intervenieren (vgl. Friczewski, 1994, S. 17). Die geschilderte Ganzheitlichkeit muss über die Schwäche einzelner Maßnahmen triumphieren und physiologische Faktoren in einer Art Strömungseffekt mitreißen.

---

[1] Die tayloristische Produktionsorganisation beschreibt die Zentralisierung der Entscheidungsgewalt im Unternehmen, d. h.: „Verantwortung von unten nach oben; Kontrolle von oben nach unten; [...] eng definierte Aufgabenzuschnitte und Motivation durch [...] Belohnung und Bestrafung“ (Friczewski, 1994, S. 19).

[2] Erfolgsorientiertheit nach Nicholls (1984, zitiert nach Alferman & Stoll, 2005) bezieht sich im bestehenden Kontext darauf, dass Arbeitsaufgabenbewältigung als Ziel angesehen wird und nicht mit Konkurrenzverhalten verbunden ist.

3.3 Konkretes Vorgehen

Wie bereits festgestellt, lautet der Leitbegriff von Interventionen auf Grundlage des Berliner Ansatzes, Ganzheitlichkeit. Diese wird nur erreicht, wenn es gelingt viele Aspekte in die Gesundheitsherstellung und -beibehaltung zu integrieren. Dabei ist die Kommunikation unter den Mitarbeitern aller Stufen, die als das oberste Ziel klassifiziert wurde, das tragende Instrumentarium, welches den gesamten Prozess durchzieht. Die Tatsache, dass diese Art der Verständigung gegensätzlich zu den üblichen linearen „Denk- und Arbeitsweisen“ (Friczewski, 1994, S. 21) im Betrieb steht, sorgt für ein erstes Aufbrechen bestehender Unternehmenslogiken und kann in der Folge die verschobene „work-balance“ (Smith et al., 1999, S. 157) zu Gunsten unterstellter Mitarbeiter kippen. Im Folgenden werden die Phasen des Berliner Modells dargestellt und bewertet.

3.3.1 Basisphase

Der erste Schritt der Basisphase ist durch ein interaktives Moment geprägt. Die Mitarbeiter werden in einführenden Veranstaltungen informiert und können Unstimmigkeiten klären. Auch die Vorgesetzten der betreffenden Abteilung werden durch entsprechende Seminare auf das Kommende vorbereitet (vgl. Friczewski, 1994, S. 21). Der „Mitarbeiter Gesundheitszirkel“ (Friczewski, 1994, S. 21) stellt das Herzstück dieser Phase dar. Formal orientiert er sich an den vorhergehend aufgeführten Reglementierungen für Gesundheitszirkel. Der hier errichtete homogene Zirkel besitzt jedoch die Besonderheit, dass gesundheitsrelevante Aspekte durch eine *hermeneutische Herangehensweise* erörtert werden. Das heißt, der zu erstellende Problemkatalog zeigt nicht ausschließlich Ursache-Wirkungs-Ketten, sondern ist in der Lage, durch eine Vielzahl von Sichtweisen, Zusammenhänge zu erschließen. Der schmerzende zervikale Wirbelsäulenabschnitt wird nicht nur auf die falsche Sitzhaltung zurückgeführt, sondern kann als somatisches Erkennungsmerkmal für mangelndes Betriebsklima gesehen werden, in dem niemand den Mut besitzt ein Problem offen zu äußern. Im Zirkel werden diese Defizite mit Unterstützung eines externen Moderators zu Sprache gebracht und geben den Beteiligten das Gefühl nicht allein da zu stehen (vgl. Friczewski, 1994, S. 21). Scheinbar

unabänderliche Zustände und Gegebenheiten können auf diese Weise bemerkt und angegangen werden. In zweiter Instanz kommt es zu einer verstärkten Gruppenkohäsion, die durch erste kleine Erfolge gesteigert wird und eine Eigendynamik hervorruft. Der innerhalb der Sitzungen entstandene Problemkatalog, der erste Lösungsansätze beinhaltet, kann als die *Manifestation* eines sich wandelnden Betriebsklimas betitelt werden.
Anhand der explizierten Ansatzpunkte ist erkennbar, dass diese Stufe das Manko der „Sprachlosigkeit" (Friczewski, 1994, S. 17) direkt angeht und einen wichtigen Schritt in Richtung Humanisierung geht. Die zuvor rudimentär vorkommende Kommunikation wird hier zum Grundgerüst an dem sich die integrative Vernetzung langhangelt. Auch dem Bedürfnis nach Anerkennung, Sinnhaftigkeit und Unterstützung ist den Zirkeln gelebte Praxis und holt den Menschen an dem Ort ab, wo er gehört werden möchte.
Was das Modell an dieser Stelle jedoch noch nicht leisten kann, ist die Schaffung einer fraktalen[3] Arbeitsumgebung. Da die Mitarbeiter nur unter sich sind und erst einmal lernen müssen miteinander in Kontakt zu treten, kann diese Kritik als peripher angesehen werden.

3.3.2 Umsetzungs-Phase

Auf Grundlage des erarbeiteten Problemkatalogs im ersten Zirkel ist es möglich in der zweiten Phase sehr schnell zur Umsetzung zu kommen. Entscheidend ist ab jetzt die hierarchieübergreifende Verkopplung von Interessen und Möglichkeiten. Im „gemischten Gesundheitszirkel" (Friczewski, 1994, S. 22) sind zunächst einmal einige Teilnehmer des Mitarbeiterzirkels involviert. Diese unteren Mitarbeiter tragen ihre Ergebnisse vor und erarbeiten mit Hilfe anderer Abteilungsstrukturen (Abteilungsleiter, Betriebsrat, Meister, Planer, Personalabteilung und Betriebsarzt) Lösungen. Auch wenn es augenscheinlich hauptsächlich darum geht materielle und ergonomische Probleme zu beheben, steht die Kommunikation zu jeder Zeit im Fokus. Der Informationsaustausch soll in erster Linie dazu führen jedes einzelne Glied des Systems zur aktiven

[3] Fraktale Arbeitsorganisation meint nach Ficzewski (1996), dass „[...] die kooperativen Einheiten den Wert der Arbeit des anderen anerkennen und sich motivieren" (S. 19). Im Besonderen ist damit die Hierarchielockerung fokussiert.

Gestaltung des Arbeitsumfeldes zu bewegen. Der Wechsel des Blickwinkels aller Beteiligten ermöglicht dabei einen Sensibilisierungsprozess, welcher für mehr Verständnis im Zirkel sorgt (vgl. Friczewski, 1994, S. 23). Mit diesem gewonnen Verständnis sind zwei Dinge erreichbar. Erstens lernen alle Beteiligten die spezifischen Probleme jedes einzelnen kennen und können Stereotypisierungen abbauen. Zweitens kann die geballte Menge an Erfahrungs- und Fachwissen den Horizont von jedem erweitern und völlig neue, integrative Wege generieren.

Das übergeordnete Ziel der Umsetzungs-Phase ist demnach nicht ein Abhaken einzelner Problemschwerpunkte, sondern die Erreichung einer kontinuierlichen Betriebsphilosophie, die sowohl dem Mitarbeiter in der Produktion, als auch der Geschäftsleitung ständig mit innovativen Denkimpulsen versorgt.

Anhand der geschilderten Zusammenhänge kann davon ausgegangen werden, dass eine fraktale Arbeitsorganisation, wie sie Friczewski (1996, S. 19) beschreibt, entsteht.

4 Modellierungspotentiale

Wozu gibt es ein Kapitel, das sich mit Reserven und Modellierungspotentialen des Berliner Modells beschäftigt, wo doch theoretisch alles gut strukturiert und umsetzbar scheint? Die Antwort ist ebenso einfach, wie niederschmetternd. Zirkelmodelle, insbesondere nach dem Berliner Vorbild sind mehr als selten in der Praxis auffindbar. Priester (2003, S. 230-231) gibt dazu folgende Stellungnahme ab:

> „[...] zum einen ist die empirische Basis der Erfahrungen mit Gesundheitszirkeln noch vergleichsweise schmal – in maximal 100-200 (von ca. drei Millionen) Betrieben in der Bundesrepublik dürfte bislang mit Gesundheitszirkeln experimentiert worden sein; zum anderen sind betriebliche Zirkelprojekte bisher noch kaum hinreichend evaluiert worden".

In den folgenden Abschnitten sollen einige theoretische Vorschläge entworfen werden, welche den Berliner Ansatz ergänzen und sequenziell umgestalten.

4.1 Rhythmisieren moderner Arbeit

Wenn in den letzten Abschnitten von den einzelnen auszuführenden Organisationschritten des Berliner Ansatzes berichtet wurde, stand immer der Mensch, als adäquates Ausführungsorgan bestimmter Interventionen im Fokus. Dies ist grundlegend sinnvoll und richtig, jedoch fehlt in den bestehenden Betrachtungsweisen eine Darstellung des entscheidenden Lebensparameters, nämlich Rhythmus. Anabole und katabole Mechanismen wie, Knochenauf- und abbau oder die osmotischen Tätigkeiten der Bandscheiben, die sich in einer biologisch rhythmisierten (vgl. Friczewski, 1996, S. 9) Ausprägung zeigen, müssen als Grundlage des Lebens auch in das Spektrum gesundheitsorientierter Arbeitsorganisationen einfließen. Innerhalb der Zirkeltätigkeit kann diese Rhythmisierung umgesetzt werden, indem versucht wird, anhand von Erfahrungsberichten herauszufinden, zu welcher Zeit Arbeitsbelastungen als besonders beanspruchend empfunden werden. Dies eröffnet die Möglichkeit zu erkennen, zu welchen Zeitpunkten katabole Vorgänge körperlich und seelisch am größten sind und folglich Pausen angebracht wären. Über diese Maßnahme kann es gelingen den biologischen Rhythmus, der menschliches Leben bestimmt, mit der Arbeitsorganisation zu verkoppeln.

Plastisch darstellen lässt sich dieses Gedankenkonstrukt anhand des Fließbandarbeiters, der nach einer gewissen Zeit, welche sich meist durch die bestehenden osmotischen Vorgänge innerhalb der Bandscheibe eingestellt hat, über Rückenschmerzen klagt. Da zu diesem Zeitpunkt aber noch keine Pausenzeit angedacht ist, muss er in seinem Dilemma verharren, das mit zunehmender Dauer unerträglicher wird und sich auch psychologisch, durch Frustration, äußert. Der beschriebene Arbeiter hat demzufolge in der standardisierten Pause schon ein Defizit erreicht, welches sich während der Erholungsphase nicht wieder kompensieren lässt. Wenn es gelänge Mitarbeiter, die ähnliche biologische Rhythmen besitzen, zusammen pausieren zu lassen, kann es zum einen zu aufbauenden katabolen Vorgängen kommen, die das entleerte Reservoir der Betreffenden wieder füllen. Zum anderen könnte es, trotz individueller Pausengestaltung, vermieden werden, dass die Arbeiter ihre Arbeitsunterbrechung isoliert gestalten. Lange (1996) hält zu einem ähnlichen Gedankenansatz fest, dass „[...] eine Art Aktion-Pause-Aktion-Rhythmus [...] die Balance zwischen Verausgabung und Erholung herstellen kann". Wenn die Unternehmensleitung also auf das Ergebnis eines langen Evolutionsprinzips Rücksicht nimmt und Erholungsphasen getreu dem menschlichen Organismus implementiert, sind gegenseitige Partizipationspotentiale aussichtsreich. Die notwendigen strukturellen und organisatorischen Veränderungen werden an dieser Stelle nicht weiter betrachtet.

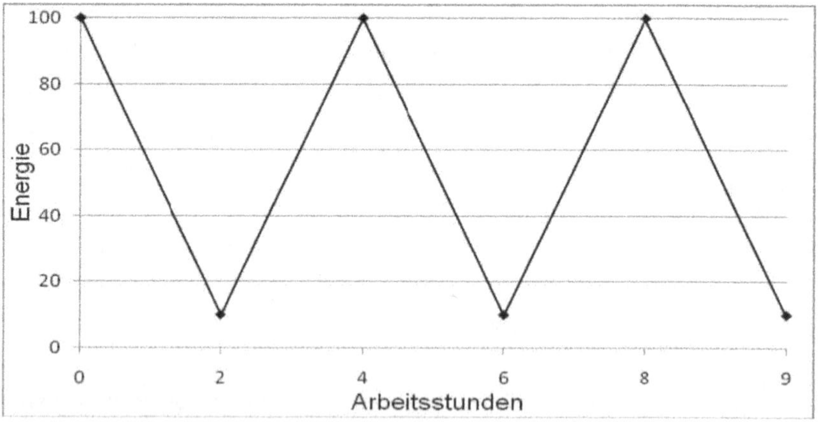

Abb. 2: Diagramm des Individuellen Pausenbedarfs

4.2 Perspektivwechsel

Nachdem der Kern der ersteren Maßnahme hauptsächlich die physiologischen Gegebenheiten tangiert, wird im Folgenden ein weiterer Punkt erörtert, der sich mehr an der psychischen Ebene des Menschen orientiert.

Wenn man sich noch einmal die vier von Friczewski (1996) aufgestellten „[...] Knotenpunkte, [....] Sinnhaftigkeit des Handelns, Anerkennung und Unterstützung, Herausforderung sowie positive Wirkung des Tuns" (S. 6), die als Bedingung für eine salutogene Arbeitsorganisation stehen, vergegenwärtigt, kann davon ausgegangen werden, dass es keinesfalls reicht nur über gegebene Problematiken zu referieren.

Dem Mitarbeiter muss also die Kompetenz zugänglich gemacht werden, sein eigenes Handeln und das seiner Kollegen als gewinnbringend zu erkennen. Eine Arbeitsplatzbegehung vieler unterschiedlicher Arbeitsplätze, an der nach und nach alle Mitarbeiter teilnehmen, stellt eine einfache und zugleich effektive Möglichkeit dar. Jene Begehung sollte von einem Mitarbeiter des betreffenden Bereichs durchgeführt werden, da somit Schwierigkeiten direkt dargestellt werden können. Über den Weg der sukzessiven Beschau zusammenhängender Arbeitsabschnitte kann jeder Mitarbeiter erkennen, wie entscheidend seine Arbeit zum Gesamtgebilde beiträgt bzw. positive Interdepenzmechanismen zu Stande kommen. Strenges Abteilungsdenken ist hier nicht sinnvoll. Dass sein expliziter Arbeitsoutput etwas bewirkt und somit sinnhaft ist, sollte dem Beschäftigten mit einer weitreichenden Motivation versehen. In diesem Gefüge kann sowohl die eigene Leistung, als auch die Leistung des Kollegen evaluiert werden und ein gegenseitiges Verständnis generieren. Es wird weiters klar, wie man sich untereinander unterstützen kann, um Frustrationen den Kollegen betreffend zu vermeiden. Die Herausforderung darf dabei nicht darin gesehen werden, nur seine eigene Produktivität zu steigern und somit besser als andere zu werden, sondern es zu schaffen gemeinsam erfolgreich zu kooperieren. Jener Gesichtspunkt sollte von Seiten der Unternehmensleitung von besonderem Interesse sein, da Teamwork auf Mitarbeiterbasis auch wirtschaftlich für Auftrieb sorgt.

Diese kostengünstige Interventionsvariante, die es jedem ermöglicht seinen Horizont zu erweitern, muss zwingend in den Lösungskatalog der Zirkelteilnehmer aufgenommen werden, denn sie kann zum einen sensibilisieren und zum anderen ökonomisieren.

5 Zusammenfassung

Die Organisation und hier im Speziellen der Betrieb konnte anhand der geschilderten Zusammenhänge als „Gesundheitserzieher Nummer 1" (Grossmann & Scala, 2001, zitiert nach Kanning & Schlicht, 2007, S. 167) herausgestellt werden. Diese Erkenntnis resultiert daraus, dass der Arbeitsplatz einen temporären Lebensraum darstellt und folglich dem Menschen in seinem Wirken und Handeln, über die Betriebstore hinaus, stark beeinflussen kann. Der Gesundheitsbericht, der Arbeitskreis Gesundheit und die Zirkelarbeit nähern sich in diesem Beeinflussungsprozess von der Analyse-, über die Deskriptions- bis hin zur Interventionsstufe dem betroffenen Personenkreis an. Diese Herangehensweise sorgt in ihrer Grundidee für eine systematische (vgl. Wilke, 2007, S. 14) Erfassung gesundheitsrelevanter Charakteristiken.

Der Berliner Ansatz im Reigen der betrieblichen Gesundheitsförderung konnte im Lauf des Belegs seinen Stellenwert innerhalb der mannigfaltigen Modelle dieses Gebietes nachweisen. Seine Bedeutsamkeit lässt sich insbesondere dadurch feststellen, dass er nicht ausschließlich versucht „[...] das Dilemma inhumaner Arbeit auf der Grundlage von Rezeptologien zu lösen [...]" (Friczewski, 1996, S. 3). Ziel ist es vornehmlich, dass die agierenden Menschen in Kontakt treten und auf Basis des Zuhörens Verständnis aufzubauen. Jenes Unternehmen welches seine Mitarbeiter kennt und ein liberales Verhältnis zwischen den Hierarchieebenen erwirkt, kann davon ausgehen, dass aufkommende Probleme bereits in der Entstehung angegangen werden.

In Anlehnung an die prekäre Situation des erwähnten, imaginären Betriebes ist es folglich möglich, das Fließbandproblem zeitnah zu beseitigen. Man stelle sich vor der Arbeiter könnte, bei aufkommenden Beschwerden, unbeschwert zu seinem Meister gehen und seine Lage schildern. Der Vorarbeiter könnte dann bereits in dieser frühen Phase nach Lösungen suchen oder in Kooperation mit der Leitung und dem Mitarbeiter entsprechende Schritte einleiten. Ein idealisiertes Bild, welches sich in vivo nur selten zeigt. Der Bedarf an innovativen Neurungen hinsichtlich bestehender Modelle ist demzufolge beträchtlich. Gröben & Bös (1999, zitiert nach Kanning & Schlicht 2007) finden diesbezüglich mittels Befragung, über bestehende betriebliche Gesundheitsfördermaßnahmen heraus, dass lediglich „[...] 3% ein befriedigendes Niveau aufweisen[...]".

Bezugnehmend auf die in der Einleitung gestellte Frage, wie sich der Berliner Ansatz noch vervollkommnen ließe, können resümierend folgende Gedanken aufgegriffen werden. Die individuelle Rhythmisierung der Arbeitszeit würde den kommunikativen Ansatz nach Friczewski um die Dimension der Physiologie erweitern. Da sowohl somatische als auch kognitive und psychologische Zeitgeber integriert werden, kann in diesem Kontext von einem multiplen bzw. „[...] ganzheitlichen [....] Konstitutionszusammenhang [...]" (Friczewski, 1996, S. 3) ausgegangen werden.

Eine zweite nutzenbringende Veränderungsdisposition zeigt sich im Perspektivwechsel innerhalb verschiedener betrieblicher Wirkungskreise. Die Beobachtung nicht unmittelbar nachbarschaftlicher Arbeitsplätze erweitert den Berliner Ansatz über die bloße Problemdarlegung hinaus. Das Erfahren unterschiedlicher Bereiche des Unternehmens durch direkte Konfrontation integriert visuelle, akustische und gegebenenfalls taktile Analysesysteme, die es ermöglichen bestehende Vorurteile zu revidieren. Auf jener Grundlage, besteht die Chance die Entwicklung gesundheitsgefährdender Prozesse zu erkennen.

Inwieweit sich diese theoretisch einfachen Interventionen wirklich etablieren können, hängt dabei besonders von der Offenheit und dem Engagement aller Beteiligten im Setting Betrieb ab. Untersuchungen von Hartmann & Traue (1996, zitiert nach Kanning & Schlicht, 2007, S. 172) legen diesbezüglich ernüchternd dar, dass Gesundheitskonzepte eher Mangelware in der betrieblichen Praxis sind. Tiefgreifende Erfolge können sich jedoch trotz allem einstellen. Dies soll ein Fazit eines Meisters der Elektronikbranche aus der Fallstudie „Gesundheit und Motivation der Mitarbeiter als Produkt betrieblicher Organisation. Ein systemischer Ansatz" von Franz Friczewski (1996) belegen:

„Da ist mit Sicherheit einiges Positives entstanden [...] Wir arbeiten anders zusammen und tatsächlich miteinander. Und der Ton hat sich bei uns Vorgesetzten geändert und der hat sich bei den Mitarbeitern auch geändert. [....] Es ist ein offeneres Verhältnis geworden. [....] Es ist auf jeden Fall einfacher geworden für mich. Auch die Zusammenarbeit mit meinem direkten Vorgesetzten ist ja auch verbessert" (S. 56).

Abschließend kann postuliert werden, dass es zukünftig nötig sein wird Entwicklungspotentiale der Zirkelmodelle zu erkennen und umzusetzen, da so Ökonomie und Humanität gleichermaßen profitieren.

6 Literatur

- Alfermann, D. & Stoll, O. (2005). *Sportpsychologie* (S. 126-129). Aachen: Meyer & Meyer.
- Friczewski F. (1996). *Gesundheit und Motivation der Mitarbeiter als Produkt betrieblicher Organisation. Ein systemischer Ansatz. Discussion Paper P96-211. Berlin: Wissenschaftszentrum.*
- Friczewski F. (1994). Gesundheitszirkel als Organisations- und Personalentwicklung: „Der Berliner Ansatz". In G. Westermayer & B. Bähr (Hrsg.). *Betriebliche Gesundheitszirkel* (S. 15-23). Göttingen, Stuttgart: Verlag für Angewandte Psychologie.
- Kanning, M. & Schlicht, W. (2007). Präventive Interventionen in verschiedenen Settings. In Brehm, W. & Bös, K. (Hrsg.). *Handbuch Gesundheitssport* (S. 167- 174). Schorndorf: Hofmann.
- Krämer, K. (1998). *Betriebliche Gesundheitsförderung: Konzeption. Wirkung. Evaluation* (S. 28-36). Münster: LIT-Verlag.
- Priester, K. (2003). *Betriebliche Gesundheitsförderung. Voraussetzungen - Konzepte - Erfahrungen* (3. Aufl.) (S. 230-250) .Frankfurt am Main: Mabuse-Verlag.
- Preußner, I. (2003). *Betriebliche Gesundheitsförderung durch Partizipation. Eine qualitative Studie zu den individuellen Voraussetzungen für eine Beteiligung an Gesundheitszirkeln (S.17-19).* Unveröff. Phil. Diss. Universität Hamburg.
- Slesina, W. (1990). Gesundheitszirkel - Ein neues Verfahren zur Verhütung arbeitsbedingter Erkrankungen. In Brandenburg, U., Kollmeier, H., Kuhn, K., Marschall, B. & Oehlke, P. (Hrsg.). *Prävention und Gesundheitsförderung im Betrieb. Erfolge-Defizite-Künftige Strategien* (S. 315-327). Dortmund: Schriftenreihe der Bundesanstalt für Arbeitsschutz.
- Smith, M. J., Conway, F. T. & Karsh, B. (1999). Occupational Stress in Human Computer Interaction: Review Article. *Industrial Health*, 37, 157-173.

- Wilke, P. (2007). *Betriebliche Gesundheitsförderung. Eine empirische Analyse zu den Auswirkungen sportlicher Aktivität auf Gesundheit und Commitment.* Berlin: dissertation.de –Verlag im Internet GmbH.

Abbildungsverzeichnis

Lightning Source UK Ltd.
Milton Keynes UK
UKHW01f1854250918
329518UK00002B/419/P

9 783656 169796